ADAM SMITH

El padre de la ciencia económica moderna

Por Christophe Speth
En colaboración con Brigitte Feys
Traducido por Marta Sánchez Hidalgo

Economía y empresa en50MINUTOS.es

LAS CLAVES PARA EL ÉXITO

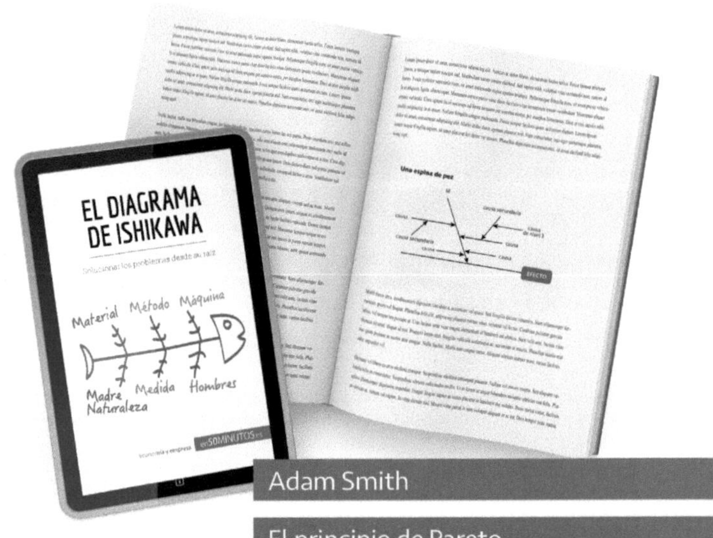

Adam Smith

El principio de Pareto

El estrés laboral

La pirámide de Maslow

ADAM SMITH

- **¿Nombre?** Adam Smith
- **¿Fecha de nacimiento?** En 1723 en Kirkcaldy (Escocia)
- **¿Fecha de muerte?** En 1790 en Edimburgo
- **¿Contexto y corriente?** Contemporáneo de la Revolución Industrial en el Reino Unido y de la Guerra de la Revolución de Estados Unidos, con numerosos cambios socioeconómicos, Adam Smith está considerado el gran teórico de la economía clásica, cuyos principios se apoyan en el liberalismo
- **¿Obras principales?**
  - Smith, Adam. 1759. *Teoría de los sentimientos morales* (*The Theory of Moral Sentiments*).
  - Smith, Adam. 1776. *La riqueza de las naciones* (*An Inquiry into the Nature and Causes of the Wealth of Nations*)
  - Smith, Adam.1976. *Lectures on Jurisprudence.* Glasgow Edition
  - Smith, Adam. 1976. *Works and Correspondence of Adam Smith*. Glasgow Edition
- **¿Ideas clave?**
  - <u>La ventaja absoluta</u>: Smith defiende la idea de que cada país debe especializarse en la producción de bienes y de que la productividad de cada uno sea superior a la de sus socios comerciales
  - <u>La división del trabajo</u>: para Adam Smith, la especialización de cada uno en una tarea muy específica permite obtener aumentos de productividad considerables
  - <u>La mano invisible</u>: según Adam Smith, la economía de

mercado permite a los individuos conciliar su interés individual con el interés general. De hecho, asegura la existencia de un proceso económico autorregulado que permite a todos los actores sociales satisfacer sus propias necesidades mientras sirven al bien común

A Adam Smith se le suele considerar –aunque no unánimemente– el padre de la ciencia económica moderna. Le influyeron muchos filósofos, principalmente los fisiócratas, que proponen una economía natural y libre, sin intervención del Estado. Por otro lado, la Revolución Industrial tuvo un impacto decisivo en la redacción de *La riqueza de las naciones*. En dicha obra, Adam Smith se interesa minuciosamente por la producción de alfileres en una fábrica.

Adam Smith, verdadero líder, tiene una influencia perdurable en las teorías de la mayoría de los economistas que le han sucedido, y en particular en los clásicos con los que se le suele comparar.

utilidad que los individuos obtienen del consumo de un bien). La corriente clásica surge en el momento de la llegada de la Revolución Industrial. Pero desde finales del siglo XIX, los economistas neoclásicos tienen un papel destacado. Tienen un enfoque metodológico muy distinto y recurren frecuentemente a las matemáticas mientras que los clásicos se limitaban al razonamiento lógico. Esto tiene como consecuencia hacer que la teoría económica la pueda comprender sólo un público muy restringido.

David Ricardo (economista inglés, 1772-1823) se inspira en Smith para elaborar su teoría de la ventaja comparativa (principio según el cual cada país tiene interés en especializarse en la producción del bien cuyo coste de oportunidad sea el más bajo), que usó cuando fue diputado británico para oponerse a las prácticas proteccionistas. Adam Smith influye incluso a Karl Marx (1818-1883), conocido por su ideología antiliberal. De hecho comparten la idea de que el trabajo es la medida del valor.

SU VIDA

Adam Smith crece en la tranquila Escocia rural hasta los catorce años. Descubre la vida de la ciudad durante su estancia en la Universidad de Glasgow, de 1737 a 1740; luego, conforme a los deseos de su familia, se dedica a la carrera eclesiástica, en la universidad de Oxford en 1740. Sin embargo, decide cambiar de planes y vuelve a casa de su madre a los 23 años, lo que lo pone en una situación bastante delicada con la única perspectiva de conseguir aquello con lo que sueña, un puesto de trabajo en la Universidad de Glasgow.

Un encuentro afortunado lo convence de instalarse en Edimburgo para dar clases públicas. Su éxito contribuye a la concretización de su sueño – que parecía fracasado – de enseñar en la Universidad de Glasgow, donde ocupa la cátedra de Lógica y luego la de Filosofía Moral. En ese momento escribe y publica *Teoría de los sentimientos morales* (1759), donde presenta una reflexión filosófica.

En 1764, tras una larga carrera académica de 13 años, trabaja como preceptor de un joven duque inglés, Henry Scott (duque de Buccleuch, 1746-1813). Lo aprovechará para hacer un viaje de más de dos años por Europa. De vuelta a Gran Bretaña, se pone a escribir su otra gran obra, considerada además texto fundador de la economía política llamada «moderna» en el siglo XVIII: *La riqueza de las naciones* (1776). Trabajará la última parte de su vida como oficial de aduanas en Edimburgo, igual que su padre.

INFANCIA (1723-1737)

Adam Smith nace en 1723 en Kirkcaldy, un pueblo escocés situado al norte de Edimburgo. Se llama como su padre, que fallece poco antes de nacer él. Lo cría su madre, a la que tiene un gran cariño toda su vida. La primera anécdota que marca la infancia del joven Adam es que fue raptado por unos gitanos cuando tenía dos o tres años. Por suerte, el episodio tuvo un final feliz porque detuvieron a los secuestradores cuando huían.

Más tarde, Adam Smith entra en el colegio de Kirkcaldy, donde en seguida adopta una serie de comportamientos muy extraños: habla solo y aprovecha los recreos para estudiar mientras sus compañeros juegan. De carácter particularmente distraído, no deja de impresionar a sus amigos por su gran memoria y por un sentido de la observación muy desarrollado.

ESTUDIOS EN GLASGOW (1737-1740) Y EN OXFORD (1740-1746)

En 1737, con 14 años, Smith abandona el colegio del pueblo y entra en la Universidad de Glasgow, considerada relativamente liberal e independiente del clero para la época. Adam valora este ambiente académico, y el profesor y filósofo Francis Hutcheson (1694-1746), uno de los fundadores de la Ilustración en Escocia, lo marcará para toda su vida. Este estado de gracia intelectual sólo durará tres años.

Conforme a los deseos de su familia y tras conseguir una

beca en 1740, decide entregarse a la Iglesia y entra en la Universidad de Oxford, marcada por un fuerte conservadurismo. Contrariamente a lo que cabría pensar, Smith se adapta relativamente bien a este ambiente, y lo aprovecha para instruirse sobre todo salvo lo que le piden. Aunque se supone que debe dedicarse a estudiar teología, el joven hace todo lo posible para profundizar sus conocimientos de literatura, física y matemáticas. Se esfuerza también en perfeccionar el griego. Sus profesores, que aprecian poco este desinterés por la teología se lo hacen ver en un episodio famoso: un día sorprenden a Smith leyendo el *Tratado de la naturaleza humana* (1739-1740), una obra de tres volúmenes de David Hume (filósofo escocés, 1711-1776) considerado un hereje, y le confiscan el libro y aunque no lo expulsan, lo castigan de forma ejemplar. Poco tiempo después abandona Oxford, cansado de la falta de libertad que sufre.

VUELTA A KIRKCALDY Y ASCENSO INTELECTUAL (1746-1764)

De vuelta a su pueblo natal de Kirkcaldy en 1746, vive al principio una situación difícil, marcada por la precariedad propia de los escritores de su tiempo. En 1748, dos años después de su vuelta a Escocia, conoce a Lord Kames (cuyo verdadero nombre es Henry Home, juez y filósofo, 1696-1782). Le propone instalarse en Edimburgo para dar clases públicas. Adam Smith acepta la proposición de este juez reputado lo que, visto el éxito de estas clases, que atraen a un público cada vez más grande, acelera su ascenso en el mundo intelectual. En esa época conoce al que será su mejor amigo: David Hume. En 1751, entra en la Universidad de Glasgow y obtiene las cátedras de Lógica y luego la de Filosofía Moral; más tarde, en 1787, será rector del centro. Publica la *Teoría de los sentimientos morales* en 1759, obra que conoce un gran éxito no sólo en Escocia, sino también en Inglaterra.

Como Adam Smith ya tiene buena reputación, en seguida le proponen que se ocupe de la educación de un joven duque. No acepta y decide dedicarse a estudiar Derecho y Economía, aunque hasta ese momento se había limitado al estudio de la moral. En 1763, insisten en la proposición y, esta vez, Smith acepta encargarse de la educación del joven.

EL VIAJE A FRANCIA (1764-1766)

Como era costumbre, se inicia un gran viaje para que la educación de Henry Scott, duque de Buccleuch, sea la mejor posible: Smith y su alumno van a Francia en la primavera del año 1764. Tras una breve estancia en París, van a Toulouse, donde Adam Smith se dedica a numerosas investigaciones y donde comienza, según se cree, a escribir *La riqueza de las naciones*. Después de quince meses en la «Ciudad Rosa», el duque y Smith se instalan dos meses en Ginebra. Luego, vuelven a París para concluir su periplo continental. Allí Smith conoce al fisiócrata François Quesnay (1694-1774), en el que se inspira en gran parte para escribir *La riqueza de las naciones*. Alumno y maestro vuelven a Londres en otoño de 1766, tras un viaje de unos treinta meses.

REDACCIÓN DE *LA RIQUEZA DE LAS NACIONES* (1766-1776) Y CARRERA EN LAS ADUANAS (1778-1790)

De vuelta a Kirkcaldy, Adam Smith se consagra por completo a redacción de *La riqueza de las naciones*. Algunos piensan que quería publicar algo más vasto todavía, incluido un estudio crítico de la Historia del Derecho. Una carta en la que el economista pide documentos a Lord Hailes (cuyo verdadero nombre es David Darymple, jurisconsulto escocés, 1726-1792) parece respaldar esta teoría. Sin embargo, Smith decide en un cierto momento focalizarse en el estudio de los mecanismos económicos. Para centrarse por entero en este nuevo proyecto de escritura, decide aislarse: salvo por un viaje a Edimburgo y Londres en 1773, permanece en su pueblo natal sin interrupción hasta la publicación de su obra. Su amigo David Hume le reprocha en numerosas ocasiones esta cuarentena voluntaria y le propone verse cuando está de paso cerca de Kirkcaldy. Smith le dice que no y su aislamiento parece dar fruto: *La riqueza de las naciones* recibe una calurosa acogida cuando se publica en 1776. Orgulloso de su prestigio creciente, Adam Smith se instala en Londres dos años.

En 1778, se convierte en oficial de aduanas en Edimburgo, puesto que ocupará hasta su muerte en 1790.

SUS CONTEMPORÁNEOS: LOS GRANDES TEÓRICOS DE LA ILUSTRACIÓN

En Francia el siglo de la Ilustración (siglo XVIII) trae un

soplo de aire nuevo con pensadores como:

- los escritores ilustrados Voltaire (1694-1778) y Montesquieu (1689-1755);
- François Quesnay (1694-1774), enciclopedista y líder de la escuela de los fisiócratas;
- Jean-Baptiste Say (1767-1832), economista clásico liberal que lega a la posteridad su *Tratado de economía política* (1803) y la ley de los mercados, llamada «ley de Say»;
- Jacques Necker (1732-1804), ministro de Luis XVI, que publica ensayos de política económica con éxito;
- Anne Robert Jacques Turgot (1727-1781), inspector general de finanzas en el reinado de Luis XVI, que apoya la teoría de la mano invisible de Smith.

En Alemania, Karl Marx (1818-1883) se opone al capitalismo emergente y expone su propia crítica política y económica de la sociedad.

En Gran Bretaña, encontramos principalmente grandes pensadores de la Ilustración escocesa: David Hume (1711-1776) y Thomas Reid (1710-1776), también economistas como David Ricardo (1772-1823) o John Stuart Mill (1806-1873), discípulo de Hume y fundador de la moral «utilitarista».

La economía en la historia

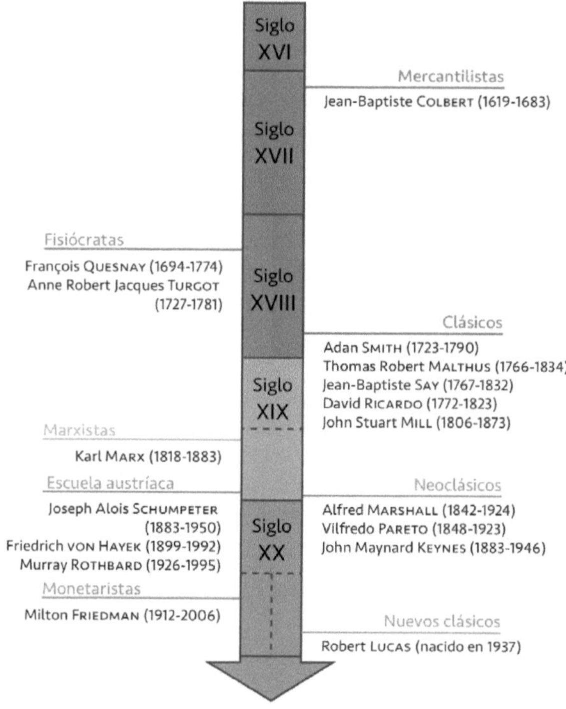

SUS OBRAS

Adam Smith es filósofo antes que economista. Como la mayoría de los intelectuales de su época, considera la ciencia económica una rama particular de la filosofía, a la misma altura que la moral, la política y el derecho. Smith es el arquetipo del hombre honesto que se interesa por todas las disciplinas. Por esta razón empezamos nuestro análisis por la *Teoría de los sentimientos morales*, una obra que no tiene nada de economía pero que, como veremos, permite apreciar mejor su última gran obra, *La riqueza de las naciones*.

TEORÍA DE LOS SENTIMIENTOS MORALES (1759)

En esta obra, Adam Smith intenta explicar una paradoja: aunque el hombre no tiene nada de bueno, es capaz de hacer juicios morales, incluso de juzgarse a sí mismo, puesto que tiene la capacidad de situarse como observador y de tomar distancia respecto de su propio ser.

De esta forma, se pregunta sobre la causa de la ambición y de la vanidad de los seres humanos. Según el filósofo escocés, algunas personas quieren incrementar su poder y riqueza no por mejorar su bienestar, sino por llamar la atención de los otros. El verdadero sufrimiento del pobre es no suscitar más que indiferencia mientras que el rico disfruta de una constante atención:

> «Alguien ajeno a la naturaleza humana, que viese la indiferencia de los hombres a la miseria de sus subordinados y

la forma en que se lamentan e indignan por las desgracias y sufrimientos de sus superiores, podría imaginar que el dolor debe ser más atroz y las convulsiones de la muerte más terribles para las personas de mayor rango que para los de puestos más mediocres» (Smith 2004, parte 1, sección 3, cap. 2).

Adam Smith destaca también la naturaleza de las cualidades necesarias para acceder a un rango social elevado. Mientras que el rico puede contentarse con mostrar su educación refinada a todos, el pobre tiene que mostrar un espíritu emprendedor sin igual.

Según Smith, lo que verdaderamente motiva al ser humano a querer ser rico es:

- el hecho de que siempre quiera ser más rico para llamar la atención del otro;
- el hecho de poder procurarse un cierto número de objetos de alta calidad que piensa que constituyen el medio para alcanzar un nivel de bienestar superior: así, el interés que siente por ellos no está relacionado con el bienestar que de ellos resulta en realidad.

De esta forma, Smith explica la posesión de «chucherías de frívola utilidad» con la ayuda de una parábola que narra la historia de un joven con una ambición desbordante (Smith 2004, parte IV, sección 1, capítulo 1) y además se sorprende de la cantidad de energía que se invierte en la obtención de dichos objetos.

Aunque Smith critique tal comportamiento como moralista, piensa que contribuye a la armonía social:

> «Y está bien que la naturaleza nos engañe de esa manera.
> Esta superchería es lo que despierta y mantiene en continuo
> movimiento la laboriosidad de los humanos» (Smith 2004,
> parte 4, sección 1, cap. 1).

LOS CONCEPTOS DE SIMPATÍA Y DE ESPECTADOR IMPARCIAL

El concepto de simpatía es fundamental en la Teoría de los sentimientos morales, puesto que con él Adam Smith explica los juicios relativos a la conveniencia y al mérito. Podemos definirlo como la capacidad de un individuo de ponerse en el lugar del otro. Se trata de alguna forma de vivir la situación del otro por medio de la representación: aunque no estemos en la situación, nos imaginamos estar en su lugar y compartimos sus sentimientos. De esta forma, todos deseamos lo mejor para el mayor número posible de hombres.

Después de explicar la naturaleza de los juicios del individuo sobre sus semejantes, Smith muestra cómo el hombre es susceptible de hacer tales juicios sobre sí mismo. Como toman la forma de una obligación, conducen generalmente a un comportamiento adecuado y meritorio. Para traducir las modalidades de este proceso de simpatía reflexiva, el autor introduce el concepto del espectador imparcial. Este concepto de espectador implica juzgar una acción no desde el punto de vista del que lo hace o desde el punto de vista del que

A pesar de su creencia de que estamos guiados por la ambición, Smith matiza su observación y declara que piensa que dentro de cada uno de nosotros hay un espectador imparcial (nuestra conciencia) que nos impide hacer daño a los otros y que nos empuja incluso, en ciertas circunstancias, a ser generosos. Según él, el verdadero móvil de este comportamiento altruista es el miedo de no estar de acuerdo con nuestra conciencia y no la preocupación por el bienestar del otro:

> «Lo que nos incita a la práctica de esas virtudes divinas no es el amor al prójimo, no es al amor a la humanidad...es el amor a lo honorable y noble, a la grandeza, la dignidad y eminencia de nuestras personalidades» (Smith 2004, parte 3, sección 1, cap. 3).

Smith ilustra su razonamiento imaginándose la hipotética reacción de los europeos ante un terremoto en China. En su opinión, tal desastre no debe afectar a nuestra conciencia, puesto que no tenemos nada que reprocharnos. Como máximo, hablaríamos del tema en el momento del suceso, pero lo olvidaríamos al poco tiempo. Esta actitud, descrita con mucha lucidez en la obra (Smith 2004, parte 3, sección 1, cap. 3) sigue siendo muy actual.

LA RIQUEZA DE LAS NACIONES (1776)

Se suele considerar que esta obra, sin duda la más conocida de Adam Smith, revolucionó la política económica de Inglaterra. Los tres temas principales tratados son:

- la división del trabajo, que permite la repartición de las tareas y la especialización de los trabajadores;
- la fijación de precios, tanto en el mercado de los bienes y de los servicios como en el mercado del trabajo;
- y, finalmente, la extensión del papel del Estado en la gestión de la economía de un país.

La división del trabajo

Una de las teorías principales de *La riqueza de las naciones* es que la división del trabajo es la fuente de la creación de riqueza. Según Smith, la especialización de los trabajadores les permite ser más productivos por varias razones:

- para empezar, cuando repetimos la misma tarea ganamos rapidez de ejecución (lo que nos permite obtener una ventaja absoluta en la producción de un bien);
- luego, el hecho de tener una sola ocupación permite economizar el tiempo de transición necesario entre las diferentes tareas;
- para acabar, Smith está convencido de que la división del trabajo es la base de la invención de numerosas máquinas que permiten un aumento de la productividad de los trabajadores.

Pero, ¿cuáles son los límites de la división del trabajo? Según

Smith, la extensión del mercado (número de consumidores a los que nos podemos dirigir potencialmente) debe ser lo suficientemente grande para que se instaure una especialización de los trabajadores. Como señala el autor de *La riqueza de las naciones*, el desarrollo de las vías de comunicación marítimas favorece la división del trabajo, puesto que permite que las industrias se dirijan a más consumidores (la negrita es nuestra):

> «Las vías fluviales **abren a las distintas clases de actividades económicas mercados más amplios** que el transporte terrestre, y ello nos explica por qué, a lo largo de las costas marítimas y riveras de los ríos navegables, las promociones de cualquier género comienzan a **subdividirse** y a **perfeccionarse**» (Smith 2011, libro 1, cap. 3).

La fijación de precios

Además de la división del trabajo, Smith se interesa por lo que determina la fijación de precios. En eso es precursor de lo que llamamos comúnmente la ley de la oferta y la demanda. Piensa que el precio de mercado tiende siempre hacia un nivel que denomina precio natural (podríamos definir burdamente el precio natural como el precio más bajo al que un comerciante está dispuesto a producir un bien). El autor de *La riqueza de las naciones* demuestra su intuición de la siguiente manera (libro 1, cap. 7).

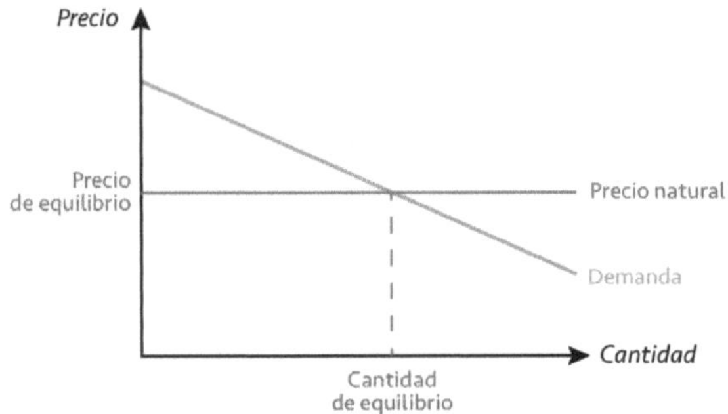

- Si el precio de mercado es superior al precio natural (siempre y cuando el nivel de competencia sea suficiente), los productores que existen tienen interés en producir más, mientras que los nuevos productores querrán instalarse en ese mercado para disfrutar de un nivel de beneficio suficientemente alto. Cuando la cantidad producida aumenta, los consumidores no están obligados a pagar más para poder comprar el bien en cuestión. De esto resulta una disminución del precio de mercado. Este proceso se detiene cuando el precio de mercado alcanza su nivel natural.
- Paralelamente, si el precio de mercado es inferior al precio natural, la cantidad producida disminuye (puesto que los productores abandonan el mercado en cuestión) hasta que el precio de mercado vuelva a su nivel natural.

El papel del Estado

Smith tiene una visión clara del papel del Estado en la gestión de la economía de una nación. De forma general, piensa que el Gobierno debe abstenerse de intervenir. Sin embargo, el autor señala algunas excepciones (libro 4, cap. 9 y libro 5, cap. 1):

- el Estado debe garantizar la seguridad del territorio –lo que implica una defensa nacional y una policía de Estado– y la justicia;
- el Estado debe implicarse en la construcción y en el mantenimiento de grandes infraestructuras (carreteras, canales, etc.);
- finalmente, el Estado debe asegurar que todos los ciudadanos reciban un nivel de educación elemental.

LÍMITES DEL PLANTEAMIENTO Y EXTENSIONES

LÍMITES Y CRÍTICAS

División del trabajo

A pesar de que el principio de la división del trabajo anticipado por Smith fuese recuperado en un primer tiempo por teóricos como Frederick Winslow Taylor (1856-1915), que lo lleva a su máxima expresión, luego conocerá un lento declive. De esta forma, Taylor crea una organización del trabajo que no duda en calificar de «científica». Se basa en varios principios fundamentales:

- el trabajo se divide verticalmente entre ejecutivos y obreros (los primeros reflexionan sobre la forma más eficaz de producir y los segundos ejecutan las órdenes de los primeros);
- el trabajo se divide horizontalmente (cada obrero está especializado en una tarea muy precisa: es el nacimiento del trabajo en cadena);
- para animar a los obreros a ser lo más rápidos posible, Taylor sugiere remunerarlos en función de su rendimiento.

Esta visión de las cosas tuvo un gran eco en los países desarrollados a lo largo del siglo XX. El fordismo – una extensión del taylorismo – tuvo además su época de gloria en la Edad de oro del capitalismo (1946-1975). Sin embargo, los recientes avances tecnológicos (automatización de las cadenas cada vez más complejas) así como la mejora del nivel de educación de las sucesivas generaciones contribuyen a la práctica desaparición del trabajo en cadena. Puede que el trabajo esté muy especializado desde el punto de vista intelectual, pero las tareas manuales tienden a diversificarse.

Las aportaciones de Adam Smith

Algunos pensadores creen que Adam Smith no es un autor original y que la paternidad de la ciencia económica no se le debería atribuir. Smith sufre por ello una crítica virulenta de Murray Rothbard (1926-1995), que lo acusa de plagio, e incluso peor, de deteriorar las ideas que ha plagiado (Rothbard 1995, cap. 6). Para Rothbard, la ciencia económica data en realidad de la Edad Media. Ahí tenemos un mito enormemente extendido que parece cuestionarse parcialmente...

Análisis limitado al contexto de la época

Adam Smith, uno de los primeros economistas modernos, sólo pone las bases de una nueva ciencia en pleno auge. De esta forma, su análisis se limita al contexto de una época que no puede imaginar ni prever las mutaciones que ocurrirán en nuestro mundo moderno dos siglos más tarde. Por ejemplo, Smith no parece tener conciencia de la importancia de las externalidades. Más tarde, los economistas tomarán efectivamente en cuenta este principio fundamental y lo rechazarán de dos formas:

- las externalidades negativas pueden definirse como el comportamiento de un individuo que tiene un impacto negativo en otro individuo. El ejemplo clásico es la contaminación del aire;

- las externalidades positivas pueden definirse como el comportamiento de un individuo que tiene un impacto positivo en otro individuo. El ejemplo clásico es la educación.

Controversias

Mientras que Smith considera que la búsqueda del intercambio es una característica propia del ser humano, el intelectual húngaro Karl Polanyi (1886-1964) cuestiona esta visión de las cosas en su obra *La gran transformación* (1944), un clásico adaptado a los tiempos modernos tras la crisis económica de 2008. Polanyi ilustra su argumento con ayuda de ejemplos precisos. En el capítulo 4 de su obra, habla de la organización de ciertas sociedades primitivas que se basan más en la reciprocidad y la redistribución a cargo de un jefe que en el intercambio. Estas sociedades solían ser autárquicas, con un control social poderoso.

Más allá de esta crítica positiva, aparece una crítica normativa de Smith y, de forma más general, de los economistas clásicos y neoclásicos. Todavía en la actualidad, se suele decir que «la ciencia económica descuida las relaciones sociales». Podemos concebir esta crítica en la medida en que el mercado comporta el anonimato de las relaciones económicas. Otras críticas en contra de los economistas parecen mucho menos justificadas: el mejor ejemplo es cómo abordan el problema del medio ambiente. Los economistas están generalmente de acuerdo en decir que hay que gravar con impuestos a las empresas contaminantes o instalar un mercado de permisos de contaminación para luchar contra las emisiones de gases de efecto invernadero. Se trata de empezar desde una situación perfecta donde se deja actuar al mercado, para que luego el Estado corrija las posibles imperfecciones que persistiesen. Se trata de una herencia de Smith en cierta manera, que pensaba que el Estado tendría que intervenir para las funciones esenciales, la inversión en las grandes obras y la educación de los más jóvenes.

EXTENSIONES

Las ventajas comparativas de Ricardo

Como hemos visto en la sección dedicada a *La riqueza de las naciones*, el concepto de ventaja absoluta desarrollado por Adam Smith fue ampliado al concepto de ventaja comparativa por Ricardo.

¿CUÁL ES LA DIFERENCIA ENTRE LA VENTAJA ABSOLUTA Y LA VENTAJA COMPARATIVA?

Los economistas suelen distinguir los conceptos de ventaja absoluta y ventaja comparativa. El primero, desarrollado por Adam Smith, sostiene la idea de que dos países (o dos individuos) tienen interés en intercambiar dos bienes si cada uno tiene una ventaja absoluta –es decir, puede producir a un coste menor– en la producción de uno de los bienes. Pero este concepto no tiene en cuenta las opciones de un país capaz de producir los dos bienes a costes más bajos que los de su vecino.

David Ricardo extiende esta teoría de la ventaja absoluta a situaciones semejantes. Británico con una familia de origen portugués, toma el ejemplo del comercio de vino y de telas entre Inglaterra y Portugal: según él, a cada país le interesa especializarse en la producción del bien en el que tenga una ventaja comparativa, es decir, el bien en el que su ventaja absoluta sea mayor (para el país capaz de producir los dos bienes a menor coste) o su desventaja absoluta sea menor (para el país que no tenga la ventaja absoluta en ambos bienes). De esta forma, incluso el país que tenga la ventaja absoluta en los dos bienes gana en el intercambio: ahorra trabajo.

Las teorías de Smith y de Ricardo, aunque sean diferentes, permiten justificar el comercio internacional. Además, los dos economistas clásicos –en particular Ricardo como diputado– se oponen enérgicamente al proteccionismo.

La teoría del valor

En lo que respecta la teoría del valor, los economistas clásicos están en las antípodas de los neoclásicos. Como recordatorio, Smith, Ricardo y Marx piensan que el valor de intercambio de un bien se explica por el trabajo necesario para producirlo.

Al contrario, los neoclásicos derivan el valor de un bien de su utilidad marginal (la utilidad del consumo de una unidad suplementaria de este bien). Estas dos teorías parecen completarse en cierta manera. Alfred Marshall (economista inglés, 1842-1924) piensa que, a corto plazo, los neoclásicos tienen razón (los precios se ajustan, pero no las cantidades producidas, lo que viene a decir que la demanda reacciona a una crisis más rápido que la oferta), mientras que, a largo plazo, el razonamiento de los clásicos parece en su opinión el más pertinente (la cantidad producida se ajusta igualmente).

EN RESUMEN

- Adam Smith, considerado el fundador de la economía moderna en el siglo XVIII, es filósofo antes que economista, lo que le lleva a comprender el mundo en su globalidad: importancia destacada de la división del trabajo, premisas de la ley de la oferta y la demanda, etc.
- Vive en una época en la que la emulación intelectual es posible gracias a la Ilustración y cabe destacar que conoce principalmente a Voltaire, Quesnay y Hume. Éste último se convertirá con el tiempo en su mejor amigo.
- Su obra, reputada por su coherencia, abre la vía a muchos frentes de reflexión todavía estudiados y comentados a luz de nuestra actualidad socioeconómica y, sobre todo, de la globalización de los mercados.
  - En la *Teoría de los sentimientos morales*, Smith actúa como moralista para descifrar el comportamiento humano.
  - En *La riqueza de las naciones*, Smith expone numerosos fundamentos de la ciencia económica.
- Desde el punto de vista ideológico, Smith es un liberal. Piensa que la intervención del Estado tiene que limitarse a las funciones esenciales (justicia, defensa y policía). Pero hay dos excepciones: las infraestructuras y la educación.
- Smith es consciente de que el desarrollo de los transportes marítimos tiene un papel importante en el crecimiento económico, puesto que permite una mayor división del trabajo.
- Ricardo y él están en contra de toda forma de proteccionismo. Para justificar su punto de vista, desarrollan

sucesivamente una teoría de la ventaja absoluta y de la ventaja comparativa.

- Smith será la fuente de inspiración de numerosos economistas: Ricardo, Say y Marx son posiblemente los más conocidos entre ellos, y todos forman parte de la escuela clásica, aunque Karl Marx esté un poco al margen. Los economistas neoclásicos se inspiran también en él, pero de forma más limitada.
- El pensamiento de Smith sufre también numerosas críticas. En particular, su teoría de la ventaja absoluta no tiene en cuenta las situaciones en las que un país es más productivo que otro en el conjunto de los sectores. Con respecto a su teoría del valor, subestima el papel de la demanda a corto plazo.

¡Tu opinión nos interesa!
¡Deja un comentario en la página web de tu librería en línea,
y comparte tus favoritos en las redes sociales!

PARA IR MÁS ALLÁ

FUENTES BIBLIOGRÁFICAS

- "Adam Smith (1723-1790)". *Alternatives Économiques*, n.º 21, noviembre de 2005. Consultado el 4 de julio de 2014. http://www.alternatives-economiques.fr/adam-smith--1723-1790-_fr_art_222_27861.html
- "Adam Smith". *Andlil*, junio de 2013. Consultado el 4 de julio de 2014. http://www.andlil.com/adam-smith-128211.html
- "Adam Smith", *Larousse*. Consultado el 4 de julio de 2014. http://www.larousse.fr/encyclopedie/personnage/Adam_Smith/144596
- "David Ricardo". *Larousse*. Consultado el 4 de julio de 2014. http://www.larousse.fr/encyclopedie/personnage/David_Ricardo/140892
- "École classique en économie". *Larousse*. Consultado el 4 de julio de 2014. http://www.larousse.fr/encyclopedie/divers/%C3%A9cole_classique_en_%C3%A9conomie/187107
- "Les courants de pensée en économie". *e-Economie*. Consultado el 4 de julio de 2014. http://www.e-economie.com/courants.php
- "Les théories de la valeur". *Introduction à l'analyse économique*. Consultado el 4 de julio de 2014. http://www.pise.info/eco/valeur.htm
- "Théorie de l'économie classique". *Andlil*, julio de 2013. Consultado el 4 de julio de 2014. http://www.andlil.com/theorie-de-leconomie-classique-151943.html
- Beraud, Alain. 1993. "La contribution fondatrice. Origine

"

et développement de la pensée économique d'Adam Smith". *Nouvelle Histoire de la pensée économique*, vol. 1, pp. 309-364.

- De Vroey, Michel. 2009. "Les libéralismes économiques et la crise", en *Revue française d'économie*, vol. 24, n° 2, pp. 3-37.
- Delatour, Albert. 1886. *Adam Smith, sa vie, ses travaux, ses doctrines*. París: Guillaumin.
- Diatkine, Daniel. 1991. "Présentation de la *Richesse des nations*" en *Adam Smith*. París: GF-Flammarion. Consultado el 4 de julio de 2014. http://theme.univ-paris1.fr/M1/hpe/Diatkine_RDN.pdf
- Fourastié, Jean. 1979. *Les Trente Glorieuses ou la révolution invisible de 1946 à 1975*. París: Fayard.
- Guédon, Jean-Mikaël. 2009. "Le lien social chez Adam Smith: le marché, la sympathie, l'État". *Ithaque*. vol. 5, pp. 101-128.
- Heilbroner, Robert. 1987. *The Essential Adam Smith*. Nueva York: W. W. Norton & Company.
- Rothbard, Murray. 1995. *Economic Thought Before Adam Smith*. Cheltenham: Edward Elgar Publishing.
- Rae, John. 1895. *Life of Adam Smith*. London: Macmillan & Co.
- Smith, Adam. 2011. *La riqueza de las naciones*. Madrid: Alianza Editorial.
- Smith, Adam. 2004. *La teoría de los sentimientos morales*. Madrid: Alianza Editorial.
- Taylor, Frederick Winslow. 1911. *The Principles of Scientific Management*. Nueva York y Londres: Harper & Brothers.

ORGANIZACIONES QUE PERPETÚAN LAS TEORÍAS DE ADAM SMITH

- 30 -

- The Adam Smith Institute, fundada en 1970.
- The International Adam Smith Society, fundada en 1995.

en50MINUTOS.es
Historia
Economía y empresa
Coaching
EL DIAGRAMA DE ISHIKAWA
Material
Método
Máquina
Madre Naturaleza
Medida
Hombres
LA GUERRA DE PALESTINA DE 1948
ADAM SMITH